AF385182

CATALOGUE

D'UNE BELLE COLLECTION

D'ESTAMPES

ANCIENNES,

EAUX-FORTES,

ET DESSINS

des Écoles Française, Flamande, Hollandaise et autres,

PROVENANT DE L'ÉTRANGER,

(COLLECTION DE FEU M. DE VRIESSE),

DONT LA VENTE AURA LIEU

HOTEL DES COMMISSAIRES-PRISEURS

RUE DROUOT,

salle n. 3, au premier étage,

Les Lundi 13, Mardi 14, Mercredi 15 & Jeudi 16 Mars 1854, à midi.

Par le ministère de M⁰ **DELBERGUE CORMONT**,
Commissaire-Priseur, rue de Provence, 8,

Assisté de M. **VIGNÈRES**, marchand d'Estampes,
quai de l'École, 30,

Chez lesquels se distribue ce Catalogue.

EXPOSITION PUBLIQUE

Le Dimanche 12 Mars 1854, de une heure à quatre heures.

PARIS

MAULDE & RENOU,

IMPRIMEURS DE LA COMPAGNIE DES COMMISSAIRES-PRISEURS,
rue de Rivoli, 114, au coin de la rue de l'Arbre-Sec.

1854

Ordre des Vacations.

Lundi, 13 Mars 1854.	*Mercredi, 15 Mars.*
110 à 151.	363 à 371.
1 à 109.	429 à 458.
Mardi, 14 Mars.	304 á 362.
196 à 211.	372 à 428.
273 á 303.	*Jeudi, 16 Mars.*
152 á 195.	DESSINS.
212 à 272.	1 à 175.

Le Catalogue de cette Collection, provenant de l'étranger, et dont le plus grand nombre faisait partie de la Collection de feu M. DE VRIESSE, a été envoyé manuscrit, avec ordre de le faire imprimer. C'est sur ce Catalogue, et non sur les Estampes, que nous l'avons publié; ce que nous en avons vu est en général d'une belle condition; nous prions les amateurs de venir à l'Exposition pour voir par eux-mêmes la beauté et l'état des pièces; Un bon nombre de ces pièces proviennent de cabinets célèbres, tels que Debois, Robert Dumesnil. Verstolck, etc.

On commencera à 1 heure très précise.

Abréviations.

B. Bartsch.	ép. épreuve.
R. Rigal.	l. l. la lettre.
R. D. Robert Dumesnil.	p. pièce.
L. B. Leblanc.	d'ap. d'après.

La vente se fera au comptant.

5 pour 100 en sus des enchères applicables aux frais.

M. VIGNÈRES, faisant la vente, se chargera des commissions.

DES ESTAMPES.

1. **Aken** (J. Van). Les voyageurs à cheval. B. 17.
- 2. — Vues du Rhin, suite de 4 p. B. 18 à 21.
- 3. **Aliamet**, d'ap. Hackert. Environs de Normandie, port de Dieppe, vue sur la Somme. 4 p.
- 4. — D'ap. Vernet. Vue de Marseille avant la lettre.
- 5. — — Le Matin, le Midi. Vue du levant, et les Italiennes laborieuses. Belle ép. 5 p.
- 6. — D'ap. A. V. de Velde. Les amusements de l'Hiver.
- 7. — La place des halles et la place Maubert. 2 p.
- 8. **Allix**. Le port de Lisbonne, avant la lettre non terminée.
- 9. **Almeloven** (J.). Différents paysages. B. 27, 28, 34, 35, 36. — 5 p.
- 10. **Anonyme**. Combat naval entre Français et Anglais. Ep. av. toutes lettres 2 p.
- 11. — Le grand port de mer de Saint-Pétersbourg. Ep. avant toutes lettres.
- 12. — Femme devant une fenêtre. B. 52.

13. **Ardell**, d'ap. Rembrandt. J.-C. près des docteurs.

14. **Avril**, d'ap. Wille. La double récompense du mérite.

15. **B. S.** Copie du portrait de Copenol.

16. **P. V. B.** Portrait de Rembrandt. Manière noire.

17. **Baillie**, d'ap. Rembrandt. Le peseur d'or sur papier de Chine.

18. **Bailliu** (P. de), d'ap. Vandyk. Renaud et Armide.

19. **Bakhuyzen** (L.), son œuvre. Différentes marines. B. 1 à 12 avec le portrait et le titre.

20. **Baleehou**, d'ap. Coypel. Ch. Rollin.

21. **Bargas** (F.). Paysages avec figures. 4 p.

22. **Bartolozzi**. Portrait de G. A. Elliot lord Hiathfield.

23. **Bas** (Le), d'ap. J. Vernet. Les ports de mer, n° 1 à 10 et 18. — 11 p. belles épr. avec marges.

24. — D'ap. V. Falens. Le rendez-vous de chasse et pendant, 2 p.

25. — D'ap. Vander Neer. Vue de Santvliet.

26. **Basan**, d'ap. A. V. de Velde. Chariot de Flandre, la source au voyageur. 2 p.

27. **Beauvarlet**, d'ap. Vau Asse. Le jardinier et la fruitière. 2 p.

28. — Princes, enfants sur un bouc.

29. — Enfants du roi de Sardaigne jouant avec un chien et Marmotte. 2 p.

30. — D'ap. Vanloo. La lecture espagnole.

31. — D'ap. Jeaurat. L'éplucheuse de salade et autre d'après Lancret.

32. **Bega** (C.) B. 16, 17, 18, 19, 20, 25, 27, 28, 29, 30, 31. — 11. p.

33. — B. 20. 26. 30. 32. 33. — 5 p.

34. **Bella** (St. de la). Conduite de troupes. 11 p.

35. — Différents animaux. 12 p.

36. — Principes de dessins. 24 p.

37. — Figures et animaux. 24 p.

38. — Paysages avec figures. 4 p.

39. — Chameau et autres. 4 p.

40. — Paysages avec animaux et ruines. 5 p.

41. **Berghem**. La vache qui s'abreuve. B. 1.

42. — La vache qui pisse. Sans adresse. B. 2.

43. — Le pâtre qui joue du flageolet. B. 6.

44. — Suite d'animaux et têtes de boucs. B. 13 à 18. — 6 p.

45. **Bleker** (G.) Paul et Barnabé à Lystre, 1er état. B. 5.

46. — Le chariot à deux roues. B. 11.

47. — Le cabriolet. B. 12.

48. **Blery** (E.). Moulin de Montreux. L. B. 181.

49. — Le pont de Dorieu. L. B. 194.

50. **Bloemaert** (A). Différents saints. Manières de dessin. 14 p.

51. **Bloes** (A. de), d'ap. Mieris. Fred. Spanhemius.

52. **Bloteling**, d'ap. Ruisdael. Les sépulcres des Juifs. 2 p.

53. **Boissieux** (J.-J. de) son portrait, papier de Chine. Rigal n° 1.

76. **Bolswert**, d'ap. Quellinus. Vierge et Jésus. Superbe ép.

77. — D'après Rubens. L'Automne et l'Hiver, sup. ép. 2 p.

78. — — Grand paysage avec des seigneurs et des dames.

79. **Boucher**. Têtes de femmes. 2 p.

80. — La belle villageoise.

81. **Bout** (P.). Les marchands de poissons. B. 1. —

82. **Boydell** (J.), d'après L'Espagnolet. Jacob bénissant Isaac.

83. **Brand** (Fred.) son œuvre. Paysages, figures, 67 p., plusieurs non terminées.

84. **Brun** (d'ap. Ch. Le). Saint-Charles Borromée à genoux.

85. **Bye** (M. de). Différents boucs et chèvres. B. 1 à 8.

86. — Les ours, la suite. B. 21 à 76. — 16 p.

87. **Cabel** (A.-V. der). Berger jouant de la flûte, non décrit, provenant de la collection Werstolk.

88. — Petit paysage non décrit, 3 différents états.

89. — Paysages et marines. B. 52 à 55. Provenant de la col. R. Dumesnil.

90. **Callot** (J.). Saints martyrs. 7 p.

91. — Caprices de figures. 36 p.

92. — Misères de la guerre. 12 p.

93. — Figures des Gobbi. 16 p.

94. — Le mont de Parnasse. 4 p.

95. — L'entrée de M. de Macey et de Lorraine. 2 p.

96. — Combat à la barrière et entrée de son altesse. 2 p. Belle ép.

97. **Canot**, d'ap. Pillement. Le petit pont de pierre et autres, 4 p.

98. — Marine anglaise, etc. 6 p.

99. **Carrache** (A.). Pan dompté par l'Amour. B. 116.

100. **Charpentier**, d'ap. Salvator Rosa. Le mont Vésuve. Belle ép.

101. **Chasteau**, d'ap. Carrache. Martyre de Saint-Etienne.

102. — D'ap. N. Poussin. Mort de Germanicus.

103. **Chenu**, d'ap. Vernet. Vue du château Saint-Ange. Sup. ép.

104. **Chereau**, d'ap. Rigaud. Le cardinal Fleury.

105. **Chevillet**, d'ap. Terburg. La santé portée.

106. **Chodowiecki**. Don Quichotte, 24 p.

107. — (D.). Frédérique Sophie Wilhelmine, princesse de Prusse.

108. — Cabinet du peintre. Extrêmement rare.

109. **Choffart**. Vue de la ville d'Orléans. Sup. ép.

110. **Claessens**, d'ap. Rembrandt. La garde de nuit du muséum d'Amsterdam.

111. — D'ap. Asselyn. Le cavalier. Sup. ép.

112. — D'ap. Rembrandt. Son portrait.

113. **Clément** (A.). Télémaque à la cour de Ménélas.

114. **Clerc** (Seb. Le). Allégorie sur les visions de Mad. Guyon, pièce très-rare.

115. — Histoire de l'Amour et Psyché. 4 p. très-belles.

116. **Colignon**, d'ap. La Belle. Paysages. 7 p.

117. **Comte** (B. R.), d'ap. Freudweiler. Sollicitude d'une mère dans l'éternité.

118. **Cootwyk** (J.), d'ap. différents maîtres. 6 p.

119. **Coulet**, et autres d'après Vernet. Pécheurs Florentins. Jeune blanchisseuse et le calme. 3 p.

120. **Cuyp** (A.). Bœufs et vaches dans des prairies. 6 p.

121. **Dalen** (C. Van), d'ap. Rubens. Allégorie, la Nature couronnée par les Grâces.

122. — D'ap. Flink. Portrait du prince Maurice de Nassau.

123. **Danckerts**, d'ap. Berghem. Suite de grands paysages. 4 p.

124. — — Grand paysage, l'homme passant le pont.

125. — — Chemin à attraper les pinçons.

126. — d'ap. Wouvermans. Le manége.

127. **Dasveld** (J). Chèvre, chien, cheval. 3 p. Belles ép.

128. **Daullé**. M. de Nestier, grand écuyer du roi. Belles ép.

129. — Hyacinthe Rigaud.

130. **Delaunay** (N.), d'ap. Dietricy. Ruine romaine. 2 p.

131. — La complaisance maternelle.

132. — Qu'en dit l'abbé ?

133. **Drevet** (P.), d'ap. Rigaud. Bossuet.

134. — — Ph. L. comte de Sinzendorf. Sup. ép.

135. — — Philippe V, roi d'Espagne.

136. — Hyacinthe Rigaud. Sup. ép.
137. — Pierre Gillet. Sup. ép.
138. **Duflos**, d'ap. Boucher et Coypel. La poésie lyrique. 2 p.
139. — Déménagement d'un peintre et enlèvement des filles de joie. 2 p.
140. **Dujour** (N.). Le berger constant et le garçon jardinier. 2 p.
141. **Durer** (A.). Frédéric de Saxe. B. 104, et pièces de la Passion. B. 7. 15, 17. — 4 p.
142. **Dusart** (C.). Le couple ivre, belle ép. B. 7.
143. — La ventouse. B. 12. Le chirurgien de village. B. 13.
144. — Le violon assis. B. 15.
145. **Dyk** (D.). La vierge et l'enfant Jésus.
146. **Earlom** (R.), d'ap. Reynolds. Le général Eliott, belle ép. avec marges.
147. **Eckhoudt** (G. V.). Compositions d'enfants. 6 p.
148. **Edelinck**. Fr. Tortebat peintre.
149. **Eland** (H.). d'ap. Hugtenburg. Voyageurs devant une auberge.
150. **Elliott**, d'ap. Pillement. Entrée et sortie du bois. 2 p.
151. — et Canot, d'ap. le même. Le soleil levant et couchant, le midi et la nuit. 4 p.
152. **Facius**, d'ap. Roslin, ch. von Linne.
153. **Flipart** (J. J.). Portrait de J. B. Greuze, d'ap. lui-même.
154. **Fock** (H.). Suite de paysages. 6 p.
155. — Suite de paysages. 7 p.

156. — Suite de paysages. 7 p.

157. — Suite de petits paysages. 12 p.

158. — Grands paysages. 2 p.

159. **Frey** (J. de), d'ap. Rembrandt. Paysage avant toutes lettres.

160. — D'ap. Koning, Rembrandt, Brekelencamp. 3 p.

161. — D'ap. Brekelencamp, Douw, G. Flinck et Metzu. 4 p.

162. **Frey** (J. M.). Intérieurs avec des paysans. 6 p. belles ép. —

163. — Mêmes compositions. 4 p.

164. — Polonais, scènes militaires. 4 p. Hongrois.

165. **Gaillard**, d'ap. Greuze. Le fils puni. Sup. ép. — avant l. l.

166. **Gaugain**, d'ap. Morland. La danse des chiens, avant l. l.

167. **Gellée** (Claude), dit le Lorrain. La fuite en Egypte. R. D. nº 1.

168. — La danse au bord de l'eau, très-rare. R. D. 6. Sup. ép.

169. — Le naufrage. R. D. 7.

170. — Le dessinateur. R. D. 9.

171. — La danse sous les arbres. R. D. 10.

172. — Le port de mer au fanal. R. D. 11.

173. — Scène de brigands. R. D. 12.

174. — Le départ pour les champs. R. D. 14.

175. — Le même. R. D. 14.

176. — Le chevrier. R. D. 19.

177. — Le temps, Apollon et les saisons. R. D. 20.

178. — Le même. R. D. 20.

179. — Le berger et la bergère conversant. R. D. 21.

180. — Le même. R. D. 21.

181. — L'enlèvement d'Europe. R. D. 22.

182. — Le Campo Vaccino. R. D. 23.

183. — Le pâtre et la bergère. R. D. 25.

184. **Genoels**. Paysages. B. 56 à 59. — 4 p.

185. — Paysages. 4 p.

186. **Geyser**. Son œuvre. Portraits, paysages, etc. 17. p.

187. **Godefroy**, d'après Huc. Vue perspective de la villa de Rouen. Naufrage par Brunet. 2 p.

188. **Goltzius** (H). Theodore Cornhert. B. 164. 1re et sup. Ep. de la collection du comte de Vries, avant les angles.

189. — Henri IV, roi de France, B. 173, avec l'adresse d'Hermann Adolfz ex-Harlem.

190. — D'après Th. Bernard, assemblée de nobles vénitiens, hommes et dames à une fête de noces. Grande p. en 2 feuill. rare. B. 247.

191. **Gradmann** (J). d'après Loutherbourg. 4 p.

192. **Greenwoud**. Portrait du graveur J. Fokke, avant la lettre.

193. — D'après Metzu. La dame au perroquet.

194. **Greuze**, (d'ap. J. B.) L'enfant gâté et pendant. Très belle ep.

195. — Le geste napolitain, les écosseuses de pois, la piété filiale, lecture de la bible, l'accordée de village. 5. p.

196. **Griesmann**, d'ap. Rembrandt. La fille de Jaïre.

197. **Grimaldi**. Paysages différents. 3 p.

198. **Gros**, (E. Le). Son œuvre. Paysages et figures. 34 p.

199. **H.** (P. V.) Différents chiens. B. 9, 10, l'adresse de Vischer.

200. **Hackert** (P.). Suite de vues dans le royaume de Naples. 4 p.

201. — (G.) Ruines du pont d'Auguste. 2 p.

202. **Hagedoorn**. Son œuvre. Paysages et figures. 34 p.

203. **Haid** (J.) d'ap. Dieterich. La présentation au temple.

204. **Heerschop**. Ermite en méditation. Inconnu à Bartsch et à Rigal.

205. **Helman**. Batailles chinoises et tartares. 7 p.

206. **Hemery**, d'ap. Lépicié. La promesse approuvée. Sup. ép.

207. **Hendriex** (G.). d'ap. Rubens. Paysages. 4 p.

208. **Hollar** (W). Paysages et marines. 6 p.

209. — Portraits et autres. 10 p.

210. **Houbraken** (J.), d'ap. Rembrandt. Tobie et sa femme prosternés devant l'ange. Sup. épr.

211. — (A.). Trois femmes près d'un enfant dans un panier. Rare.

212. **Ingouf**, d'ap. Greuze. Cahier de têtes, différents caractères. 6 p.

213. — D'ap. le même. 2ᵉ cahier de têtes. 6 p. avant la l. et le nom.

214. — Le Jeune, Canadiens au tombeau de leur enfant.

215. **Jardinier**, d'ap. Greuze. Jeune fille qui tricotte, avec un chat. Sup ép. avant toutes lettres, de la col. Verstolk.

216. — D'ap. le même. Jeune tricotteuse dormant. Sup. ép. avant la I. Pendant du précédent.

217. **Jeaurat**, Sadeler et autres. 10 p.

218. **Jode** (P. de), d'ap. Jordans. Saint-Martin guérissant un possédé.

219. — D'ap. Rubens. La visitation.

220 — D'ap. Matham et autres. Portraits différents. 6 p.

221. **Jonckheer** (J.). Les trois et les quatres Lévriers. 2 p.

222. **Kessel** (T. Van). Différents animaux. 6 p.

223. **Klein** (I. H.). Suite de sujets militaires. 6 p.

224. **Kobell** (J.). Suite d'animaux. 4 p. Sup. ép.

225. — (H.) Paysage, belle eau forte. Rare.

226. **Koninck** (J.). Buste d'Oriental. B. 69.

227. **Krausz** (S. A.). Le soir de Saint-Nicolas. Eau forte. Rare.

228. **Kuslin** (J. S.) d'ap. La Belle. Paysages et ruines. 6 p.

229. **Laar** et **Stoop**. Chevaux et titre. 7 p.

230. **Lancret** (d'ap.). Les agréments de la campagne, concert pastoral. 2 p.

231. — Conversation galante.

232. **Lauers** (N.). d'ap. Jordans. Philémon et Baucis.

233. — (C.). D'ap. de Vaël, Saint-Thomas de Villeneuve, archevêque.

234. **Lenfant**. Vierge et Jésus.

235. **Lépicié** (R. E. M.). La Piémontaise.

236. **Lévesque**, d'ap. Metzu. Une dame assise, à la toilette. Ép. avant la lettre avec marge.

237. **Lievens** (J.). Buste d'un vieillard avant l'adresse, 1er état. B. 22.

238. — Buste d'un vieillard avec l'adresse et le monogramme renforcé, non mentionné, 2e état. B. 23.

239. — Buste d'un jeune homme. B. 26.

240. **Lombart** (P.). Vincent Nevelet. Superbe ép.

241. **Loutherbourg**. Paysages avec animaux. 2 p.

242. **Lubieniski**. Paysages. 2 p.

243. **Lupton** et autres. Portraits divers. 10 p.

244. **Maas** (D.). Le Manége, suite complète. Rare. 9 p.

245. **Major** et autres, d'ap. Berghem. 3 p.

246. **Marcenay** et autres. Portraits de Béthune, Pluvinel et S. Vouet. 3 p.

247. **Marcus**, d'ap. Cats. Le Coup de vent. Ép. avant la lettre. 2 p.

248. — D'ap. Luyken. 5 p.

249. **Marc** (J. de), d'ap. J. Steen. La Fête de saint Nicolas. Avant la lettre.

250. **Marinus**, d'ap. Jordans. Adoration des Bergers.

251. **Martine**, d'ap. Vernet. Vue de Porto Ercole.

252. **Mason** et **Major**, d'ap. G. Poussin. Paysages. 3 p.

253. **Masquelier**. Vues d'Ostende. 2 p.

254. **Masson** (A.), d'ap. Mignard. G. de Brisacier, secrétaire de la reine. Superbe ép.

255. **Meulen** (Vander). Sujets de batailles. 4 p.

256. — Batailles et campements. 4 p.

257. **Milatz** (T.-A.). Son œuvre, paysages et son portrait. 8 p.

258. **Montagne.** Marines et paysages. 4 p.

259. **Moreau** (J.-M.). Le jeune, costume physique et moral de la fin du xviiie siècle. 26 p. avec texte très rare.

260. — Grande revue militaire, avant toute lettre, non terminée.

261. — Les dernières paroles de J.-J. Rousseau.

262. — Henri IV chez le meunier. Belle ép.

263. **Muller** (J.-G.). Louise-Elisabeth Vigée Le Brun. Superbe ép.

264. — J.-B.-M. Pierre, peintre.

265. — D'ap. Wille. La petite Javotte, avant toute lettre. Col. Verstolck.

266. — La mère Brigide et la petite Javotte. Col. Verstolck.

267. — Mad. Le Brun. Combat à la porte Stainville. 2 p.

268. **Nanteuil** (R.). Pierre Gassendi. R. D. 101.

269. — Pierre Jeannin. R. D. 112.

270. — Michel Le Tellier. Très belle ép. R. D. 129.

271. — Ch. Maurice Le Tellier, 4e état. R. D. 139.

272. — B. Fouquet, abbé de Barbeaux. R. D. 97.

273. **Neefs** (J.). d'ap. Jordaens, Souffler le Chaud et le Froid. Belle ép.

274. **Neue** (Fr. de). Narcisse et son pendant. R. 13 et 14. Rare. 2 p.

275. **Nolpe** (P.), d'ap. Nieuland. Paysage.

276. **Noorde** (C. Van). Son portrait.

277. — Portrait de Helmbrecker, peintre.

278. — Figures d'ap. Rembrandt et Troost. 2 p.

279. — Suite de pièces inconnues et rares. 8 p.

280. **Noordt** (J. Van), d'ap. P. Lastman. Paysage orné de ruines. Rare.

281. **Nothnagel**. L'ange délivrant saint Pierre, et trois différentes têtes d'hommes. 4 p.

282. **Os** (P.-G. Van). Son œuvre. Animaux, etc., avec son portrait. 23 p. qui ne sont pas dans le commerce.

283. — Suite d'animaux. 6 p.

284. **Ossenbeek** (J.), d'après Salvator Rosa. Paysages du cab. de Wenzelsberg. B. 28, 29. — 2 p.

285. — Vue de la maison de Plaisance de M. de Wenzelsberg. B. 27.

286. — D'ap. Nicolas van Hoy. Représentation d'un ballet à cheval. B. 32 à 45. Col. R. Dumesnil.

287. **Ouvrier**, d'ap. Vernet. Vue des Alpes et Apennins. 2 p.

288. — La lanterne magique et les portraits à la mode. 2 p.

289. — Les défauts corrigés par l'affront.

290. **Overlaet**. Paysage, style de Rembrandt.

291. **Peeters** (d'ap.) et autres. Marines. 4 p.

292. **Peiffers** (J.-F.). Son œuvre. Paysages et sujets. 8 p.

293. **Pelletier**, d'ap. Wouvermans. Les dames allant à la chasse. Avant la lettre, grande marge.

294. **Picart** (B.), d'ap. Rigaud. Portrait de Philippo Ludovico, comte de Sinzendorf.

295. — Titres et ornements. 170 p.

296. **Plonski** (M.). Son œuvre. Sujets divers. Belles ép. 14 p.

297. — D'ap. Rembrandt. Vieille femme, avant toute lettre. Extrêmement rare.

298. **Ploos van Amstel**, d'ap. Ostade. Le liseur de gazette. Très belle ép.

299. — D'ap. A. Van de Velde. Le troupeau près de l'eau.

300. — D'ap. Berghem. La femme sur le mulet attendant le bac.

301. — D'ap. G. Dow. La dame au piano.

302. — D'ap. Van Dyck. Portrait de Van Goyen, peintre.

303. — D'ap. Van Goyen. Marché de bœufs et de poissons. 2 p.

304. **Poilly**, d'ap. Guido, Marie et Saint-François, par un autre. 2 p.

305. **Pontius** (P.), d'ap. Jordaens. La Fuite en Egypte.

306. — D'ap. Rubens. Philippe IV, roi d'Espagne, et Elisabeth de Bourbon. 2 p.

307. — D'ap. Van Dyck. Fr. Th. de Savoie.

308. **Pool**, d'ap. B. Graat. Vénus et Adonis.

309. **Potter** (P.). Différents bœufs et vaches, avec l'adresse de Clém. de Jonghe. B. 1 à 8.

310. — Le Berger, avant l'adresse de Cl. de J. B. 15, provenant du cabinet Debois.

311. **Prestel** (J.-G.). Ruines du château de Henneberg.

312. — Le château de Steinheim.

313. — Prospect de St-Gallen.

314. **Quast** (P.). Seigneurs et dames. 8 p.

315. — Costumes de paysans. 10 p.

316. **Ragot**, d'ap. Rubens. Saül sur le chemin de Damas.

317. **Ravenet** (S.-F.), d'ap. Guido Reni. Painting und Desigu.

318. **Raoux** (d'ap.). Portrait de J. Soanen, évêque.

319. **Reinhardt**. Son œuvre. Animaux. 21 p.

320. **Rembrandt**. La Circoncision. B. 47.

321. — Jésus-Christ prêchant, dit la Petite Tombe. B. 67.

322. — La grande résurrection de Lazare. B. 73.

323. — Ecce Homo. B. 77.

324. — Descente de croix, avant l'adresse. B. 81.

325. — Descente de croix. B. 83.

326. — Le petit orfèvre. Superbe ép. B. 123.

327. — Figure d'un vieillard à courte barbe. B. 151.

328. — Vieillard portant la main à son bonnet. B. 259.

329. — Vieillard à barbe carrée. B. 265.

330. — Clément de Jonge. B. 272.

331. — Copie du bourgmestre Six.

332. **Ridinger** (M.-E.). L'artiste devant son chevalet, dans un bois. Rare. 6

333. **Roghmann** (R.). Paysages montagneux. B. 27, 28, 29. 3 p. 6

334. — Ouderkerk, etc. 4 p. 4

335. — Différents paysages. 7 p. 6

336. — (G.). Intérieur avec des femmes. 4 p. 4

337. **Ruisdael** (J.). Le petit pont. B. n° 1. 20

338. — Les deux paysans et leur chien. B. 2. 20

339. — La chaumière au sommet de la colline. B. 3. 20

340. **Saenredam** (J.), d'ap. Bloemaert. L'histoire d'Adam, 6 p. 3

341. **Saint-Non**, son œuvre de paysages, 20 p. 14

342. **Sandby**, son œuvre, paysages et figures, 64 p. 12

343. **Scotin**, d'ap. Véronèse. Mariage de Sainte-Catherine. 2

344. **Schenk** (P.) Portrait de Jacques de Beaulieu. 2

345. **Scheyndel** (V.). Paysages avec figures, 4 p. 4

346. **Schmidt** (G.-F.). C. Gab. de Caylus, évêque. 40. 8

347. — D'ap. Rigaud. Jean-Baptiste Silva. Rare 52. 10

348. — D'ap. Pesne. Henri Voguell. 64. 8

349. — Antoine Pesne. 69. 5

350. — Auguste III, roi de Pologne, d'ap. L. Silvestre. 71. 10

351. — David Splittgerber, banquier. 87. 6

352. — D'ap. Lancret. La belle Grecque et le jeune Turc amoureux. 95. — 96. 2 p. avant l'adresse de Crespy. 14

Madame de Boblasse oblaye — 14 rue du Havre

Mr Bourgeois, chez Mr Rollin 12 rue Vivienne a Suippes
                                               près de Chalons
                                        près de Chalons s/M.

Mme Mallot 12 place Bredo

Md'Yeuse —

Mr Petit com pm 16 rue Grange Batelière

Bouillard med aujourd'hui même 5 — (38 — 9 . 50)

Mr Debeuffe rue Pagevin 12 le soir à 6 h ay
      Voir des Estampes   demi heure 1r

353. — Têtes d'homme et de femme. 112 et 113. 2 p.

354. — d'ap. Rembrandt. Portrait d'une jeune dame. 123.

355. — — Le patriarche Jacob. 139.

356. — — La mère de Rembrandt. 145.

357. — d'après Dietricy. Agar présentée à Abraham. 175.

358. **Schmutzer**. Ch. Guil. Ernest Dietricy. Très belle ép. avec marge.

359. **Schuler**, d'ap. Carlo Dolci et Raphaël. Mater Amabilis et Magdeleine, 2 p.

360. **Schuppen** (P. Van). et autres. Portraits français, polonais et autres, 8 p.

361. — D'ap. Mignard. Louis XIV. Sup. ép.

362. — D'ap. Lebrun. Louis XIV. Sup. ép.

363. **Schwegman** (H.) Suite de paysages, complet. 12 p.

364. **Schweickhardt** (H.-W.). Différents animaux. 6 p.

365. **Silvestre** (I.). Diverses vues de ports de mer d'Italie. 8 p.

366. — Vues de Lyon, Grenoble, etc., rondes. 4 p.

367. **Simon** (J.-P.). Shakespeare, Midsummer, Nights Dream.

368. **Sluyter**, d'ap. J. Steen. Une dame prenant des huîtres. Belle ép.

369. **Smith** (J.), d'ap. Wych. Cavaliers et dames se préparent pour la chasse.

370. **Soutmann** (P.), d'ap. Rubens. Vénus sortant de la mer.

371. **Spilsbury** (J.), d'ap. Rembrandt. La jeune dame.

372. **Suyderhoef** (J.), d'ap. Ostade. Les joueurs de tric-trac.

373. — D'ap. LE MÊME. Tabagies. 2 p.

374. — D'ap. LE MÊME. Le bal des paysans.

375. — D'ap. LE MÊME. Le coup de couteau.

376. — D'après Keyser. Les bourgmestres d'Amsterdam.

377. — Joannes Hoornbeeck.

378. — J. Maesterti.

379. — J. Polyander.

380. — Henri Keyser.

381. — David Nuytz avec les Legatis. Rare.

382. — David Nuytz. Sup. ép., col. Verstolck.

383. — Madeleine Nuytz. Sup. ép. avant la lettre. de la plus grande rareté, col. Verstolck.

384. — Jacob Revius. Sup. ép., col. Verstolck.

385. **Swaneveldt** (H.) Paysages, sujets de l'ancien testament. B. 66 à 69. Sup. ép. de la col. W. Esdeel.

386. — Pan et Syrinx, Salmacis et Hermaphrodite. B. 70, 71. — 2. p.

387. — LES MÊMES. En contrepartie.

388. **Swidde** (H.), d'ap. Dalens. Suite de paysages. 6 p.

389. **Tanjé** (P.), d'ap. Mireveldt. Maurice et Fréd.-Henri prince d'Orange, 2 p.

390. **Théodore**, d'ap. Francisque Milet. Rigal. 3, 4, 5, 6. 1ᵉʳ état. R. D.

391. **Thier** (B.), Vache couchée. Eau forte rare.

392. — Paysage avec des animaux.

393. **Tilliard**, d'ap. Le Prince. Les bergers Russes.

394. **Uden** (L. Van) Différents paysages. B. 1, 5, 6, 8, 9, 10, 12. — 7 p.

395. **Valck**. (G.), D'ap. Berghem. Moutons et chèvres, 8 p.

396. — d'ap. Hondekoeter. Cour avec des volailles.

397. **Vasseur** (Le), d'ap. Grenze. La laitière. Sup. ép.

398. — D'ap. Aubry. L'amour paternel, avant la lettre.

399. — Deux dames qui chantent, avant la lettre.

400. — Le carnaval des rues de Paris.

401. — D'ap. Hackert. Maison de pêcheurs à Abbéville et Saint-Valery. Belles ép. avec belles marges, 2 p.

402. — D'ap. V. der Vinne. Paysages, chasses, 2 p., avant la lettre. Très belles ép.

403. **Veau** (Le), d'ap. Vernet. L'aurore d'un beau matin. Sup. ép.

404. **Weirotter**, d'ap. Van Goyen. Les Saisons, 4 p.

405. **Velde** (A. V. de) Le berger et la bergère avec leur troupeau. Très rare. B. 17.

406. **Velde** (J. V. DE). d'ap. Berghem et Vanderdoës. 2 p.

407. — Les quatres saisons de l'année.

408. **Verbeek** (P.). Cheval debout. Fort rare.

409. **Wille** (J. G.). d'ap. Dictricy. Agar présentée à Abraham. L. B. 1.

410. — La tante de G. Dow. L. B. 60.

411. — La dévideuse, mère de G. Dow. L. B. 61. — 4
412. — D'ap. Mieris. L'observateur distrait. Sup. ép. L. B. 65. — 10
413. — D'ap. Netcher. Le petit physicien. L. B. 66. — 5
414. — Maîtresse d'école. L. B. 70. — 4
415. — N. de Largillière, peintre du roi. Très rare, col. Verstolck. L. B. 129. — 3
416. — J. M Preisler, graveur, col. Fries et Verstolck. L. B. 168. — 3
417. — Christian Wolff. L. B. 169. — 3
418. — Têtes d'hommes extrêmement rares. 2 p. — 4
419. — Charles de Baschi. Rare. — 3
420. — Père Martin Pallu. Rare. — 2
421. **Vinkeles**, d'ap. Kuiper. Fête de l'alliance et de la liberté. 2 p. — 5
422. **Vinne** (J. V.). Suite de paysages. 6 p. — 4
423. **Visscher** (C.) La fricasseuse, sans l'adresse de Cl. de Jonge. — 12
424. — D'ap. Ostade, Tabagie, deux hommes et une femme. — 3
425. — D'ap. le même. Un homme et une femme qui causent. — 4
426. — Joannes Merius. — 5
427. — V. Vondel. — 5
428. — Orgie de seigneurs et dames. — 5
429. **Visscher** (J.), d'ap. Berghem. Paysage avec le pâtre nu et la femme qui dort. — 5
430. — Paysage à la femme qui trait une brebis. — 2
431. — Suite de paysages divers. Animalia. 4 p. — 4
432. — Suite de paysages en hauteur avant l'adresse. 4 p. — 10
433. — La même suite avec l'adresse. 4 p. — 6

434. — D'ap. Ostade. Le tâtonneur.

485. — D'ap. Wouvermans. Campements militaires. 5 p.

436. — L'amiral Vander Hulst. Très belle ép.

437. — D'ap. Holbein. Desiderius Erasmus.

438. **Visser Bender** d'ap. Cats. L'été et l'hiver. Avant la l. 2 p.

439. **Vivares**, d'ap. Cl. Lorrain et Martorelli. Paysages. 2 p.

440. **Vivier** (G. DU). Cuisine flamande. R. D. 5.

441. **Vliet** (J. G. VAN), d'ap. Rembrandt. Le Baptême de l'eunuque de la reine de Candale. Extrêmement rare, très belle ép. B. 12.

442. — Vendeur de chansons. B. 15.

443. — D'ap. Rembrandt. Buste d'homme. B. 19.

444. — Le Forgeron et le chapelier. B. 33. 43. 2 p.

445. — Différents gueux et mendiants. B. 72 à 81. 8 p.

446. **Voollet**, Mason et Canot, d'ap. Pillement. Les agréments des saisons. 4 p.

447. **Vorsterman** (L.). d'ap. Rubens. La chute des anges.

448. — D'ap. le même. Ch. de Longueval. Sup. ép.

449. — D'ap. Holbein. Th. Howard.

450. — Et autres, d'ap. Van Dyck. Portraits. 4 p.

451. **Wyck** (T.) Une table sur laquelle est un coffre et autres objets. Rigal 22. Sup. ép. provenant des cabinets R. Dumesnil et baron Verstolk.

452. **Zaal** (J.), d'ap. Snyders. Chasse au sanglier.

DES DESSINS.

1. **Agricola.** Oiseau sur un arbre, très-jolie aquarelle.

2. — Pendant de la précédente et de même qualité.

3. — Batailles de cavalerie, 2 très-jolies aquarelles.

4. **Arp** (Van). Repas, scène de carnaval, style de Dusart lavé au bistre.

5. **Asselyn** (J.). Vue d'un pont et fabriques près de Rome, à l'encre de Chine.

6. **Augustini,** d'ap. Rugendas. Paysages avec chevaux, cavaliers, lavés à l'encre de Chine. 2 p.

7. **Avercamp** (H.). Vue d'Amstelveen avec des pêcheurs et des barques, aquarelle.

8. — Pêcheurs et un Hérault, 2 aquarelles.

9. **Bakhuyzen** (L.). Mer agitée temps d'orage et barque à voile, à l'encre de Chine.

10. **Bartsch** (A.). Femme à mi-corps assise devant un livre, au bistre.

24. **Both** (J.). Rochers près de Tivoli, avec beaucoup de soleil, à l'encre de Chine et au bistre, dessin capital.

25. **Boucher** (F.). Homme assis, regardant au loin, à la sanguine.

26. — Femmes nues jouant avec des Amours, très-beau dessin, à la sanguine.

27. **Bourguignon.** Etudes de militaires et cavaliers, au crayon noir. 6 p.

28. **Bout** (P.). Vendanges au bord du Rhin, à l'encre de Chine.

29. **Bouwméester** (J.). Beau paysage, lavé au bistre.

30. **Brun** (C. Le). Etude de Satyre, au crayon noir.

31. **Balthuis**, d'ap. Van Bloemen. Paysage avec cascade et rochers, aquarelle.

32. **Buys** (J.). Salomon sacrifiant à l'idole Astarté, assisté de plusieurs femmes et un prêtre, aquarelle.

33. **Cats** (J.). Paysage aux environs de Haarlem, au crayon noir rehaussé de blanc.

34. — Paysage avec un troupeau de brebis, pendant du précédent et de même qualité.

35. **Cok** (J. M.). d'ap. Van Bergen. Deux bœufs debout près d'un arbre, à l'encre de Chine et bistre.

36. **Crauwel**. Paysages, 2 jolies aquarelles fines.

37. **Delfos** (A.), d'ap. Ant. Mora. Enfant couché, au crayon.

38. **Dietz** (J. C.). Paysage orageux avec deux cavaliers, aquarelle.

39. — Paysage avec coup de vent, aquarelle très-
fine.

40. **Driest** (E. Van). Superbe paysage dans le
style d'Hobbema, au crayon noir et à
l'encre de Chine.

41. **Dupré** (D.). Beau paysage de Tyrol, au
crayon et à l'encre de Chine.

42. — Vue de Bologne en Lombardie, lavée au
bistre.

43. **Dusart** (C.). Tête d'homme et marchande
de poissons, 2 aquarelles.

44. **Dyk** (A. Van). Têtes d'hommes, à la plume.
2 p.

45. **I. S. F.** 1609. Sujets avec des enfants au
bistre. 2 p.

46. **Fock** (H.). Beau paysage, au crayon noir.

47. **Frey** (J. de). Tête de magistrat, dessin capital, au crayon noir rehaussé de blanc.

48. — Pour pendant le portrait de sa femme.

49. **Geldel** (A. de). Intérieur voûté où se trou-
vent une vieille qui parle à une femme
assise avec un enfant sur ses genoux près
d'un berceau, plus loin un vieillard assis
et lisant devant une table. Dessin capital,
beau d'effet au crayon et à l'encre de
Chine.

50. **Gheyn** (J. de), 1652. Bouquets de fleurs
dans des pots chinois avec des papillons,
aquarelles. 2 p.

51. **Goyen** (J. V.). Paysages avec eau, bestiaux,
bateaux et maisons, au crayon noir et
encre de Chine. 2 p.

52. — Paysages, au crayon noir. 2 p. — 3
53. — Rempart d'une ville, au crayon noir et encre de Chine. 2 — 50
54. **Graet** (B.). Paysage avec une nymphe et un enfant, à la plume. — 2.25
55. **Grient** (C. de). Marines calmes avec bateaux, 2 très-fines aquarelles. — 4.75
56. — Marines agitée et houleuse. 2 aquarelles. — 5
57. — Vues aux bords du Rhin, à l'encre de Chine très-fines. 2 p. — 9.50
58. — La pêche du hareng, à l'encre de Chine et autre. 2 p. — 2
59. **Grandjean**, d'ap. Muziano. Saint-Jérôme qui est dans l'église de la Madone des Anges, à Rome, aquarelle. — 4.25
60. — D'ap. Christ-Roncolli, mort de Saphire dans la même église, aquarelle. — 3
61. — Paysage d'Arcadie, lavé au bistre. — 3
62. **Groenewegen** (G.). Marine avec bateaux, aquarelle très-fine. — 5
63. — Vue sur la Meuse avec bateaux dont un richement orné de pavillons. — 2.75
64. — Vue sur la Meuse, vers le Boomtzes de la ville de Rotterdam, encre de Chine. — 2.75
65. **Grypmoedt** (J.). Paysage capital avec des bergers, vaches et brebis, au crayon et à l'encre de Chine. — 3.75
66. **Haanebrink**. Femme debout et laitier. 2 p. crayon noir. — 1.50
67. — Etudes de paysans, au crayon noir. 4 p. — 1.50

68. **Heenck** (J.). Poulque dans un paysage. Belle aquarelle.

69. — Canard de mer, même qualité.

70. **Heiden** (J. V.). Bois près d'un canal avec un pont qui conduit vers un château. aquarelle très-fine et très-rare.

71. **Hendricks**, d'ap. Brekelencamp. Intérieur avec une vieille dans un fauteuil, une femme assise avec une cruche dans la main, deux garçons et accessoires, à l'encre de Chine.

72. **Hengstenburg.** Trois perroquets sur un tronc d'arbre. Belle aquarelle.

73. — (H.). Bouquet de fleurs attaché à un ruban, aquarelle très-fine.

74. — Oiseau étranger, aquarelle.

75. **Hofman**. Paysages admirables lavés au bistre. 2 p.

76. **Horstink** (W.). d'ap. Holbein. Tête de femme, dessin capital au crayon noir.

77. **Huet** (F.). Paysages avec vaches et brebis à la sanguine, très-fins sur velin. 2 p.

78. **Hulseboom** (G.). Barque pleine de sable, au bistre.

79. **Janson** (J.), d'ap. Potter. Paysages avec vaches et brebis, aquarelle. 2 p.

80. **Joode** (P. de). Sujets religieux. 2 p. au bistre fin.

81. **Jelink** (H. J.). Des brebis et une chèvre près d'un pâtre qui se repose, au bistre et à l'encre de Chine.

82. **Jongering** (H. T.). Un chardon, au crayon noir.

83. **Klingel.** Paysages avec brebis et agneaux, lavé au bistre. 2 p.

84. **Knoopl** (J. H.). Portion de maison éclairée par le soleil, aquarelle.

85. **Kobel** (H.). Marine avec vaisseau à pleine voile qui tire un coup de canon, à l'encre de Chine.

86. — Marines avec bateaux, riche de composition, à l'encre de Chine. 2 p.

87. **Koekkoek** (B. C.). Paysage avec de l'eau, bel effet de lune, à l'encre de Chine.

88. **Koekkoek** (J. H.). Mer agitée, aquarelle.

89. **Koning** (L. de). Effet d'hiver avec des patineurs, au bistre et à l'encre de Chine.

90. **Krauwel.** Beau paysage, lavé au bistre.

91. **Laan** (L. J. Vander). Paysage éclairé par le soleil, à l'encre de Chine.

92. **Langendyk** (D.). Port de mer et embarquement de marchandises, à l'encre de Chine.

93. **Langendyk** (J. A.). Attaque de cavalerie et d'infanterie, aquarelles. 2 p.

94. **Lauwers** (J.). Satyre couché et trois Cupidons, au crayon noir et rouge.

95. — Apollon dans les nuages, crayon et aquarelle.

96. **Liender** (P. Van). Forêt avec les ruines d'un château, soleil éclatant, lavé au bistre.

97. — Vue près d'Overschie, lavé au bistre très-fin.

98. **Lingelback** (J.). Turc menant un chameau, au bistre.

99. **Maas** (D.). Paysage avec une chasse, aquarelle très-fine.

100. **Maree** (H. G.), d'ap. Potter. Paysage avec des vaches, belle aquarelle.

101. **Meer** (J. Vander). Beau paysage plein de soleil, une femme dessus un âne conduit par une autre, bergers et troupeau de brebis, à l'encre de Chine.

102. — (Le jeune). Paysages avec des brebis, aquarelle.

103. **Merian** (S.). Insectes et chenilles, aquarelle très-fine.

104. — Citisus Africanus, aquarelle.

105. **Meulemans** (A.). Seigneur assis devant une table et comptant de l'argent, aquarelle.

106. — Intérieur, effet de lumières, une dame lisant et deux enfants près d'une table, une servante sort avec une lumière, au bistre.

107. **Mieris** (W.). Titre pour un livre latin, au crayon noir très-fin.

108. **Mignard** (Pierre). Composition des apôtres et d'amours, par Lairesse. 2 p. à l'encre de Chine.

109. **Milatz** (T. A.). Vue de Kraante-lek, près de Haarlem, à l'encre de Chine.

110. **Moucheron** (J.). Vues d'entrées de palais vers les jardins avec des colonnes de marbre et des fontaines, à l'encre de Chine très-fine.

111. — (J. de). Fontaine dans un jardin, belle aquarelle très-fine.

112. **Numan** (H.), d'ap. Terburg. Cavaliers jouant au tric-trac, un autre caresse une femme, un autre fumant sa pipe debout devant la cheminée, aquarelle.

113. **Nymegen** (G. V.), d'ap. Pynacker. Paysages montagneux avec un troupeau d'animaux prêts à passer un gué, aquarelle.

114. **Os** (P. G. Van). Figures, au crayon rouge. 2 p.

115. **Ostade** (J.). Trois paysans causent ensemble; plus loin des enfants près d'un étalage à la foire, à la plume et au bistre.

116. — (A.). Intérieurs avec des paysans. 2 p. à l'encre de Chine.

117. — Et Quast. Deux pièces différentes.

118. **Pals** (G. V. D.), d'ap. Langendyk. Halte de cavalerie en passant de l'eau, à l'encre de Chine.

119. **Picart** (B.). Le prophète Jérémias voit la vierge d'Amande, à l'encre de Chine.

120. — Sujets de l'histoire romaine, avec beaucoup de figures, à l'encre de Chine. 2 p.

121. **Plukx** (J.). Tête d'un homme riant, au crayon noir.

122. **Pulten**, d'ap. Bergheim. Trois chevaux et une chèvre, à la plume.

123. **Quast** (Pierre). Des médecins près d'une dame, au crayon, sur vélin.

124. **Rademaker** (A.). Paysages avec des bâtiments et une vue de ville, avec de l'eau

glacée et patineurs, très-riche de composition. 2 aquarelles très-fines.

125. **Rausner.** Campement avec des tentes et cavalerie. 2 aquarelles très-fines et très-vigoureuses.

126. **Rembrandt.** Intérieur avec trois figures auprès d'une table éclairée par une lampe, beau d'effet lavé au bistre.

127. — J. C. Portant sa croix, la Madeleine et des guerriers l'entourent, à la plume et au bistre.

128. — Etudes, au crayon et au bistre. 2 p.

129. **Ritter** (N.). Figures académiques. 6 p.

130. **Ruisdael** (J.). Vues aux environs de Harlem, au crayon noir. 2 p.

131. — Paysages sablonneux avec eau et arbres, éclairés par le soleil, beaux dessins au crayon noir et à l'encre de Chine. 2 p.

132. **Rugendas** (G. P.). Siège d'une ville avec beaucoup de cavalerie, dessin à la plume pour la gravure.

133. **Schellings** (W.). Ruine d'un château, à l'encre de Chine.

134. **Schepper** (H.). Ancien port et tour, à l'encre de Chine.

135. **Schouman** (A.), d'ap. Jordans. Satyre et autres figures, aquarelle.

136. **Serno** (A.). Rempart de Haarlem, au crayon et encre de Chine.

137. **Stolker** (J.), d'après Mommers. Paysage avec ruines romaines, paysans et beaucoup de bétail, aquarelle.

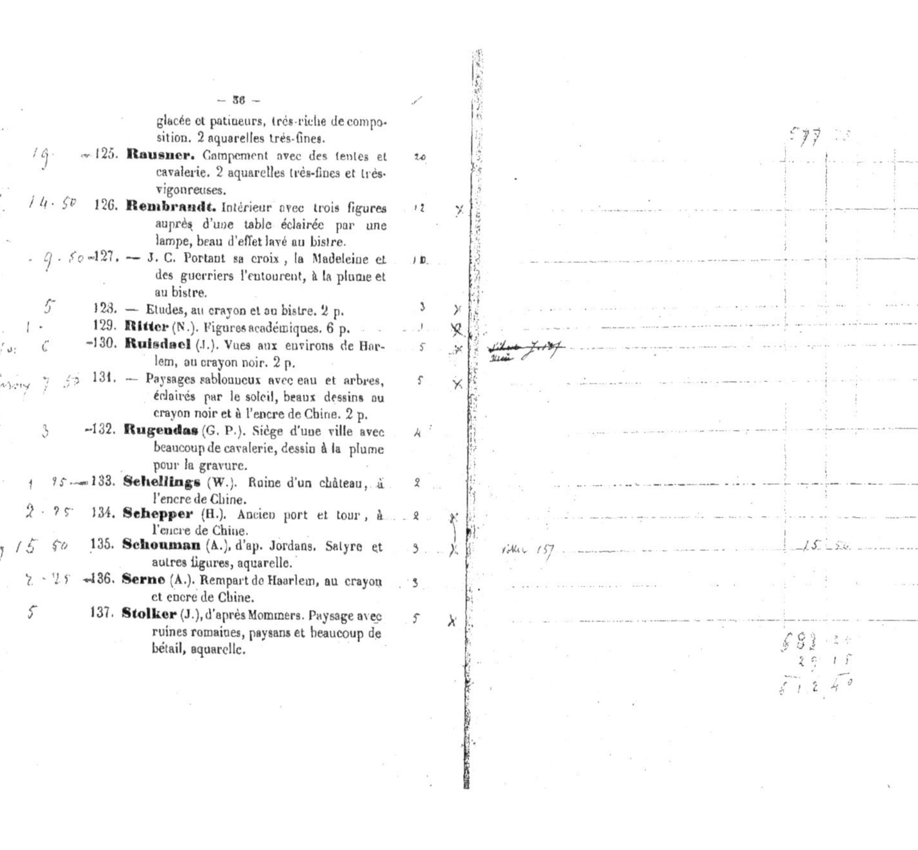

138. **Stokwisch** (H.). Etude de chèvre et femme assise. 2 pièces.

139. — Femme assise, au crayon noir.

140. **Stry** (J. Van), d'ap. Cuyp. Paysages montagneux avec troupeau de vaches près d'une rivière, aquarelle.

141. — Etudes de têtes d'hommes, au crayon noir. 3 p.

142. **Spilman** (H.). Vues au bord du Rhin, lavés au bistre. 2 p.

143. **Sueur** (Le). Homme debout, très capital au crayon noir.

144. — Des Anges et des Cupidons dans les nuages. au crayon noir rehaussé de blanc.

145. **Swebach**. Des Fontaines, camp militaire, riche composition lavée à l'encre de Chine rehaussée de blanc, dessin magnifique.

146. — Entrée dans une ville, d'un transport et cavaliers, lavé à l'encre de Chine, dessin rehaussé de blanc.

147. **Tosselli**. La Cananéenne, sup. dessin lavé au bistre et à l'encre de Chine.

148. **Veen** (R, Van). Canards et volailles près d'une chaumière entourée d'eau ; aquarelle.

149. **Velde** (A. Van de). Pâtre assis au bord d'une rivière, deux vaches debout, une couchée, moutons et chèvres ; très beau dessin à la plume lavé d'encre de Chine.

150. — Etude de vache debout, au crayon noir.

151. — Vache couchée, au crayon noir.

152. **Varkolje** (N.) Seigneur et dame jouant aux

cartes et autres personnages, à la plume
et à l'encre de Chine.

153 **Vernet** (J.). Etude de montagne et cascade;
dessin capital et curieux.

154 **Verschuring** (H.). Homme tenant par
la bride deux chevaux sellés, cinq chiens
de chasse, et un vieillard, à l'encre de
chine.

155. **Vinkeles** (R.), d'après Cuyp. Paysage capital avec vaches et bergers qui causent;
aquarelle.

156. — Le jardin des Tuileries du côté de la place
Louis XV, à l'encre de Chine, très fin.

157. **Vitringa** (W.). Marines calme et agitée;
très belle aquarelle. **2 pièces**

158. — Mer agitée; riche composition à l'encre de
Chine.

159. **Vletter** (de). Femme assise filant; femme cou-
pant un poisson. 2 p.

160. **Vroom** (D.), 1655. Paysage montagneux
avec cavaliers chassant, au crayon, encre
de Chine et bistre.

161. **Wagener**, élève de Dietrich. Paysages avec
rochers, paysans avec des vaches; deux
aquarelles, de joli ton.

162. **Valdorp**, d'ap. Saenredam. Intérieur d'une
église protestante; aquarelle.

163. **Waterlo** (A.) Paysages; 2 aquarelles, rares.

164. **Weenix** (J.-B.). Paysage avec ruines et chas-
seurs à cheval et à pied qui se reposent;
crayon rouge.

165. **Vieriz**. Boulanger debout, au crayon noir.

166. **Wilkens** (J.) Paysage montagneux avec de
hauts arbres entourés d'eau, et des cavaliers; aquarelle très fine.

167. **Witt** (J. de). Tête d'un vieillard à barbe, au
crayon rouge et bleu.

168. — Diane caressant Vénus, entourée de chiens
près d'une fontaine, dans un paysage à
l'encre de Chine.

169. — Méléagre et Atalante, au bistre rehaussé de
blanc.

170 **Wolf** (B.), d'ap. Ostade. Paysan assis devant
une table tenant un papier et un verre de
bière, et causant avec un autre qui est debout avec une pipe; aquarelle très fine.

171. — D'ap. Brekelencamp. Vieux pêcheur et sa
femme assis devant une cheminée, jeune
garçon debout, poissons dans un panier,
etc.; aquarelle.

172. **Wouvermans** (P. H.) Cheval couché, à la
sanguine.

173. **Wyk** (Th.), Intérieur d'un bâtiment; aquarelle rare de ce maître.

174. **Zaftleven** (H.) Forêt près de Loo à Gueldre;
dessin capital.

175. — Vues aux environs d'Utrecht avec des barques, au bistre. 2 p. très fines.

MAULDE et RENOU, Imprimeurs de la Compagnie des Commissaires-
Priseurs, rue de Rivoli, 114.
3111

PORTRAITS EN BISTRE.

Collection de Portraits inédits ou rares de Personnages célèbres.

REPRODUITS NOUVELLEMENT PAR LA GRAVURE.

LAMBALLE (princesse de) dessinée d'après nature quelques heures avant sa mort par Gabriel, et gravée par Jules Porreau.
MARAT à la tribune, dess. d'après nature par Gabriel,   id.
CAYLA (comtesse DE), née Talon, d'après le bar. Gérard,   Massard.
TALLIEN (madame), née Cabarus, d'apr. le bar. Gérard,   id.
THÉROIGNE DE MÉRICOURT, d'après l'original à la Bibl., Devritz.
STOLBERG, comtesse d'ALBANY (Louise-Max. DE),   Varin.
DEVIENNE, (actrices du Théâtre-Franç., d'ap. les méd.) Normand.
MEZERAI, (dans le cabinet de M. Soleirol, à Paris,)
AMOROS, colonel, fondat. de la gymnast. en France,   Varin.
BABEUF (F.-N.-Gracchus), journaliste,   J. Porreau.
BARÈRE (Bertrand), de Vieuzac, conventionnel,   id.
BERRUYER, général, commandant des Invalides,   id.
BOSSUT (Charles), mathématicien,   id.
BRAZIER (Nicolas), auteur dramatique, d'après Marlet,   id.
BRISSOT (J.-P.), de Varville, conventionnel,   id.
COCHON, comte de l'APPARENT, conven.ionnel, ministre, id.
DE FERMONT, comte, député, conseiller d'Etat,   id.
DEBUREAU, acteur des Funambules, Pierrot,   id.
DONADIEU, baron, général de division,   id.
DORAT-CUBIÈRES PALMEZEAUX, poète, auteur dramat. id.
DUCOS (Roger), avocat, constitut., 3ᵉ consul provisoire, id.
ELIE de BEAUMONT, avocat au Parlement de Paris,   Devritz.
FRÉRON (Louis-Stanislas), conventionnel,   J. Porreau.
FROCHOT, comte, préfet, député,   id.
GARNERIN (A.-J.), inventeur du parachute,   id.
GAUDIN, duc de Gaëte, ministre des finances,   id.
GENLIS (A. Brulard, comte de), cap. des gardes, conv., id.
GEOFFROY (J.-L.), critique, journaliste,   id.
KANT (Emmanuel), philosophe allemand.   Bracquemond.
LAINÉ (J.-H., vicomte), ministre et académicien,   J. Porreau,
MESMER, auteur du magnétisme animal,   id.
PERSUIS (L. Loiseau de), musicien, d'ap. Pierre Guérin, id.
PETIET (Claude), député, ministre de la guerre,   id.
REVEILLÈRE-LEPAUX, botaniste, théophilantrope,   id.
ROBERT LINDET, député, conventionnel, ministre,   id.
ROUGET DE L'ISLE, auteur de *la Marseillaise*,   Varin.
SILVAIN MARÉCHAL, poète et littérateur,   Devritz.
SAINT-PRIX, acteur de la Comédie Française,   J. Porreau.
SAINT-SIMON (Claude-H., comte de), philosophe,   Perrot.
VADIER (A.), député aux État-Généraux,   J. Porreau.
VATOUT (J.), poète, académicien, bibliothécaire,   Varin.
VIGÉE (L.-G.-B. E.), poète et auteur dramatique,   J. Porreau.

Chaque portrait pouvant entrer dans in-8 est tiré in 4.
Avec la lettre, papier blanc, 1 fr.; papier de Chine, 1 fr. 25 c.
Avant la lettre, papier blanc, 1 fr. 50 c.; papier de Chine, 2 fr.
Cette collection se continue.